Émilie Perrin

# BARQUETTES

Photographies et stylisme :
Natache Nikouline

hachette
CUISINE

# SOMMAIRE

LES MEILLEURES RECETTES 100% FACILE

## RECETTES DE BASE

## BARQUETTES SUCRÉES POUR LE GOÛTER

## BARQUETTES SALÉES POUR L'APÉRO

## MAIS AUSSI...

# Sommaire thématique

# Introduction

Les goûters de l'enfance, dans la cuisine qui retentit de cris et de rires, les petites mains qui se tendent vers le plat qu'apporte maman, les grands qui s'invitent au festin... toute cette ambiance de joie et d'émotions mêlées, cette excitation qui a laissé son empreinte nostalgique en nous tient en un seul mot, ou en un seul plat : les barquettes.

Biscuits préférés des petits et des grands, se déclinant en une symphonie de parfums et de goûts, aussi faciles à faire qu'à transporter, économiques et délicieuses à la fois, elles combleront votre entourage et vos invités sans jamais les lasser.

Laissez-vous tenter, embarquez pour ce voyage, cette carte du tendre culinaire, confectionnez vous-même vos barquettes !

# Génoise nature

Pour 15 barquettes
Préparation : 15 min
Cuisson : 12 min
Coût : bon marché
Difficulté : facile

## INGRÉDIENTS

2 œufs
55 g de sucre en poudre
10 g de beurre
60 g de farine

Matériel
1 plaque de moules à barquettes en silicone ou des petits moules en métal
1 poche à douille

1. Préchauffez le four à 170 °C (th. 6).

2. Séparez les blancs des jaunes d'œufs. Fouettez les jaunes avec le sucre jusqu'à ce que le mélange blanchisse. Ajoutez le beurre fondu et la farine. Mélangez bien.

3. Montez les blancs en neige ferme. Incorporez l'équivalent d'un tiers des blancs à la pâte en mélangeant vivement. Puis ajoutez le reste en soulevant, cette fois, délicatement la pâte.

4. Disposez la pâte dans une poche à douille et versez dans les moules en forme de barquettes. Enfournez pour 12 min.

5. Démoulez les biscuits et laissez-les refroidir sur une grille. À l'aide d'un couteau ou d'une cuillère, creusez légèrement la barquette pour pouvoir y déposer une garniture.

# Génoise sans gluten aux amandes

Préparation : 15 min
Cuisson : 15 min
Coût : bon marché
Difficulté : facile

## INGRÉDIENTS

2 œufs
55 g de sucre en poudre
30 g de poudre d'amandes
35 g de Maïzena®
1 cuil. à soupe d'huile neutre (type pépin de raisin ou arachide)

Matériel

1 plaque de moules à barquettes en silicone ou des petits moules en métal
1 poche à douille

1 Préchauffez le four à 170 °C (th. 6).

2 Séparez les blancs des jaunes d'œufs. Fouettez les jaunes avec le sucre jusqu'à ce que le mélange blanchisse. Ajoutez la poudre d'amandes, la Maïzena® et l'huile. Mélangez bien.

3 Montez les blancs en neige ferme. Incorporez l'équivalent d'un tiers des blancs à la pâte en mélangeant vivement. Puis ajoutez le reste en soulevant, cette fois, délicatement la pâte.

4 Disposez la pâte dans une poche à douille et versez dans les moules en forme de barquettes. Enfournez pour 15 min.

5 Démoulez les biscuits et laissez-les refroidir sur une grille. À l'aide d'un couteau ou d'une cuillère, creusez légèrement la barquette pour pouvoir y déposer une garniture.

# Génoise au chocolat

Préparation : 15 min
Cuisson : 15 min
Coût : bon marché
Difficulté : facile

1 Préchauffez le four à 170 °C (th. 6).

2 Séparez les blancs des jaunes d'œufs. Fouettez les jaunes avec le sucre jusqu'à ce que le mélange blanchisse. Ajoutez la Maïzena®, la farine, le cacao en poudre et le beurre fondu. Mélangez bien.

3 Montez les blancs en neige ferme. Incorporez l'équivalent d'un tiers des blancs à la pâte en mélangeant vivement. Puis ajoutez le reste en soulevant, cette fois, délicatement la pâte.

4 Disposez la pâte dans une poche à douille et versez dans les moules en forme de barquettes. Enfournez pour 15 min.

5 Démoulez les biscuits et laissez-les refroidir sur une grille. À l'aide d'un couteau ou d'une cuillère, creusez légèrement la barquette pour pouvoir y déposer une garniture.

## INGRÉDIENTS

4 œufs
110 g de sucre en poudre
50 g de Maïzena®
30 g de farine
25 g de cacao amer en poudre
20 g de beurre

Matériel

1 plaque de moules à barquettes en silicone ou des petits moules en métal
1 poche à douille

# Génoise salée

Pour 20 barquettes
Préparation : 15 min
Cuisson : 15 min
Coût : raisonnable
Difficulté : facile

## INGRÉDIENTS

4 œufs
20 g de parmesan râpé
2 cuil. à soupe d'huile d'olive
2 cuil. à soupe de vin blanc
125 g de farine

Matériel

1 plaque de moules à barquettes en silicone ou des petits moules en métal
1 poche à douille

1 Préchauffez le four à 170 °C (th. 6).

2 Séparez les blancs des jaunes d'œufs. Fouettez les jaunes avec le parmesan, l'huile et le vin blanc. Ajoutez la farine d'un coup et mélangez vivement.

3 Montez les blancs en neige ferme. Incorporez l'équivalent d'un tiers des blancs à la pâte en mélangeant vivement. Puis ajoutez le reste en soulevant, cette fois, délicatement la pâte.

4 Disposez la pâte dans une poche à douille et versez dans les moules en forme de barquettes. Enfournez pour 15 min.

5 Démoulez les biscuits et laissez-les refroidir sur une grille. À l'aide d'un couteau ou d'une cuillère, creusez légèrement la barquette pour pouvoir y déposer une garniture.

# Barquettes au chocolat

Préparation : 10 min
Cuisson : 3 min
Repos : 30 min
Coût : raisonnable
Difficulté : facile

1 Préparez les barquettes nature comme indiqué page 12.

2 Dans une casserole, faites fondre le chocolat au bain-marie avec la crème et le beurre. Mélangez bien.

3 À l'aide d'un couteau ou d'une cuillère, creusez légèrement chaque barquette. Versez la ganache dans le creux de chaque barquette. Réservez au frais 30 min pour que le chocolat durcisse.

## INGRÉDIENTS

10 barquettes nature (voir recette p. 12)
55 g de chocolat noir
2 cuil. à café de crème liquide
5 g de beurre

Matériel

1 plaque de moules à barquettes en silicone ou des petits moules en métal

# Barquettes chocolat et noix de coco

Pour 8 barquettes
Préparation : 5 min
Coût : bon marché
Difficulté : facile

1 Préparez les barquettes au chocolat comme indiqué page 16 en ajoutant 25 g de noix de coco dans la pâte.

2 Dans un bol, mélangez les 2 cuil. à soupe de noix de coco avec le lait concentré.

3 À l'aide d'un couteau ou d'une cuillère, creusez légèrement chaque barquette. Disposez le mélange à la noix de coco dans les barquettes. Réservez au frais avant de consommer.

## INGRÉDIENTS

8 barquettes au chocolat (voir recette p. 16)
25 g de noix de coco + 2 cuil. à soupe
2 cuil. à café de lait concentré sucré

Matériel

1 plaque de moules à barquettes en silicone ou des petits moules en métal

# Barquettes fraises et basilic

Pour 8 barquettes
Préparation : 5 min
Cuisson : 10 min
Coût : bon marché
Difficulté : facile

1 Préparez les barquettes sans gluten aux amandes, comme indiqué page 14.

2 Lavez et coupez les fraises en dés. Ciselez le basilic.

3 Disposez les fraises dans une casserole avec le sucre. Portez à ébullition, puis baissez le feu et laissez cuire pendant 10 min environ. Avant la fin de la cuisson, ajoutez le basilic ciselé.

4 Stoppez la cuisson lorsque les fraises sont confites. À l'aide d'un couteau ou d'une cuillère, creusez légèrement chaque barquette. Disposez la confiture de fraises au basilic dans le creux des barquettes. Laissez refroidir avant de servir.

## INGRÉDIENTS

8 barquettes sans gluten aux amandes (voir recette p. 14)
80 g de fraises
3 cuil à soupe de sucre en poudre
2 feuilles de basilic

Matériel

1 plaque de moules à barquettes en silicone ou des petits moules en métal

# Barquettes au praliné et noisettes

Pour 6 barquettes
Préparation : 10 min
Cuisson : 5 min
Repos : 1 h
Coût : raisonnable
Difficulté : facile

1 Préparez les barquettes nature comme indiqué page 12.

2 Faites fondre le chocolat au bain-marie avec la crème.

3 À l'aide d'un couteau ou d'une cuillère, creusez légèrement chaque barquette. Versez la crème au chocolat dans le creux des barquettes.

4 Concassez grossièrement les noisettes et saupoudrez-les sur le chocolat. Laissez reposer les barquettes au frais pendant 1 h avant de consommer.

## INGRÉDIENTS

6 barquettes nature
(voir recette p. 12)
50 g de chocolat praliné
2 cuil. à café de crème liquide
5 noisettes

Matériel

1 plaque de moules à barquettes en silicone ou des petits moules en métal

# Barquettes au caramel au beurre salé

Pour 8 barquettes
Préparation : 15 min
Cuisson : 5 min
Repos : 10 à 15 min
Coût : bon marché
Difficulté : un peu difficile

## INGRÉDIENTS

- 8 barquettes sans gluten aux amandes (voir recette p. 14)
- 3 cuil. à soupe de sucre en poudre
- 15 g de beurre demi-sel
- 2 cuil. à soupe de crème liquide entière

Matériel

- 1 plaque de moules à barquettes en silicone ou des petits moules en métal

1 Préparez les barquettes sans gluten aux amandes comme indiqué page 14.

2 Dans une poêle, faites chauffer le sucre sur feu moyen. Dès qu'il prend une belle couleur rousse, ôtez la poêle du feu. Ajoutez le beurre, puis la crème en prenant garde aux éventuelles éclaboussures. Remettez sur feu moyen et mélangez bien.

3 À l'aide d'un couteau ou d'une cuillère, creusez légèrement chaque barquette. Lorsque le caramel est bien homogène, garnissez-en les barquettes. Réservez au frais 10 à 15 min avant de déguster.

# Barquettes aux deux citrons

Pour 12 barquettes
Préparation : 15 min
Cuisson : 10 min
Coût : raisonnable
Difficulté : facile

1 Préparez les barquettes sans gluten aux amandes comme indiqué page 14.

2 Pressez le citron. Dans une casserole, faites chauffer le jus des citrons avec le sucre. Diluez la Maïzena® dans 2 cuil. à soupe d'eau.

3 Lorsque le sucre est dissous, ajoutez la Maïzena® et fouettez jusqu'à ce que le mélange épaississe. Ajoutez le beurre et mélangez bien. Laissez refroidir la ganache.

4 À l'aide d'un couteau ou d'une cuillère, creusez légèrement chaque barquette, puis garnissez-les de la ganache au citron. Réservez au frais avant de consommer.

## INGRÉDIENTS

- 12 barquettes sans gluten aux amandes (voir recette p. 14)
- 1 citron jaune
- 3 cuil. à soupe de jus de citron vert
- 50 g de sucre en poudre
- 2 cuil. à café de Maïzena®
- 5 g de beurre

Matériel

- 1 plaque de moules à barquettes en silicone ou des petits moules en métal

# Barquettes à la pâte à tartiner aux éclats de caramel

Pour 10 barquettes
Préparation : 10 min
Cuisson : 5 min
Coût : bon marché
Difficulté : un peu difficile

1 Préparez les barquettes nature comme indiqué page 12.

2 Dans une poêle, faites chauffer le sucre sur feu moyen. Dès qu'il prend une belle couleur rousse, ôtez la poêle du feu. Versez le caramel encore brûlant sur une feuille de papier cuisson et laissez refroidir. Lorsque le caramel est froid et dur, concassez-le.

3 À l'aide d'un couteau ou d'une cuillère, creusez légèrement chaque barquette.

4 Dans un bol, mélangez la pâte à tartiner à un peu d'éclats de caramel. Disposez la ganache dans les barquettes et décorez des éclats de caramel restants. Dégustez de suite !

## INGRÉDIENTS

10 barquettes nature
(voir recettes p. 12)
2 cuil. à soupe de sucre en poudre
100 g de pâte à tartiner chocolat-noisettes

Matériel

1 plaque de moules à barquettes en silicone ou des petits moules en métal
Papier cuisson

## VARIANTE

Vous pouvez ajouter des noisettes concassées dans la pâte à tartiner.

# Barquettes aux framboises et sirop d'agave

Pour 10 barquettes
Préparation : 10 min
Cuisson : 20 à 25 min
Coût : raisonnable
Difficulté : un peu difficile

1 Préparez les barquettes sans gluten aux amandes comme indiqué page 14.

2 Dans une casserole, faites chauffer les framboises avec le sirop d'agave. Diluez l'agar-agar dans 1 cuil. à café d'eau et versez le tout dans la casserole.

3 Mélangez et laissez compoter 20 min à feu doux. Laissez refroidir.

4 À l'aide d'un couteau ou d'une cuillère, creusez légèrement chaque barquette, puis garnissez-les de compote à la framboise.

## INGRÉDIENTS

10 barquettes sans gluten aux amandes (voir recette p. 14)
130 g de framboises
2 ½ cuil. à soupe de sirop d'agave
1/4 de cuil. à café d'agar-agar

Matériel

1 plaque de moules à barquettes en silicone ou des petits moules en métal

# Barquettes aux Mars®

Pour 10 barquettes
Préparation : 10 min
Cuisson : 3 min
Coût : bon marché
Difficulté : facile

1 Préparez les barquettes nature comme indiqué page 12.

2 Dans une casserole, faites chauffer la crème avec les Mars®. Mélangez bien jusqu'à dissolution complète des barres chocolatées.

3 À l'aide d'un couteau ou d'une cuillère, creusez légèrement chaque barquette. Disposez 1 cuil. à café de ganache dans chaque barquette. Laissez refroidir avant de déguster.

## INGRÉDIENTS

10 barquettes nature (voir recette p. 12)
2 cuil. à soupe de crème liquide
2 barres chocolatées Mars®

Matériel

1 plaque de moules à barquettes en silicone ou des petits moules en métal

# Barquettes à la vanille

Pour 10 barquettes
Préparation : 10 min
Cuisson : 5 min
Coût : raisonnable
Difficulté : facile

1 Préparez les barquettes au chocolat comme indiqué page 16.

2 Dans une casserole, faites fondre le chocolat blanc avec la crème.

3 Pendant ce temps, incisez la gousse de vanille à l'aide d'un couteau et grattez l'intérieur, avec la pointe du couteau, pour récupérer les graines. Ajoutez-les au chocolat et mélangez bien.

4 À l'aide d'un couteau ou d'une cuillère, creusez légèrement chaque barquette. Disposez 1 cuil. à café de ganache dans chacune d'elles. Laissez refroidir avant de déguster.

## INGRÉDIENTS

10 barquettes au chocolat (voir recette p. 16)
50 g de chocolat blanc
3 cuil. à café de crème liquide
1/2 gousse de vanille

Matériel

1 plaque de moules à barquettes en silicone ou des petits moules en métal

# Barquettes au thé vert et framboises

Pour 10 barquettes
Préparation : 15 min
Cuisson : 5 min
Coût : raisonnable
Difficulté : facile

1 Préparez les barquettes sans gluten aux amandes comme indiqué page 14.

2 Dans une casserole, faites fondre le chocolat blanc avec la crème. Puis, ajoutez le thé vert et mélangez bien.

3 Coupez en deux les framboises.

4 À l'aide d'un couteau ou d'une cuillère, creusez légèrement chaque barquette. Disposez 1 cuil. à café de ganache dans chaque barquette et décorez de framboises. Laissez refroidir avant de déguster.

## INGRÉDIENTS

10 barquettes sans gluten aux amandes (voir recette p. 14)
60 g de chocolat blanc
3 cuil. à café de crème liquide
1/2 cuil à café de thé vert matcha
10 framboises

Matériel
1 plaque de moules à barquettes en silicone ou des petits moules en métal

## VARIANTE

Faites fondre 70 g de chocolat noir au bain-marie. Trempez les barquettes non garnies dans le chocolat fondu. Laissez-les refroidir avant d'ajouter la ganache.

# Barquettes à l'orange

Pour 15 barquettes
Préparation : 20 min
Cuisson : 10 min
Coût : bon marché
Difficulté : un peu difficile

1 Prélevez le zeste de 1 orange.

2 Préparez les barquettes nature ou au chocolat, comme indiqué page 12 ou page 16, en ajoutant le zeste d'orange dans la pâte.

3 Pressez les oranges. Dans un saladier, fouettez l'œuf avec la Maïzena®. Ajoutez le jus des oranges et le jus de citron. Mélangez bien. Versez le mélange dans une casserole et ajoutez le beurre. Faites chauffer sur feu moyen, tout en fouettant, jusqu'à épaississement de la crème. Laissez-la refroidir.

4 À l'aide d'un couteau ou d'une cuillère, creusez légèrement chaque barquette. Garnissez-les de la crème à l'orange.

## INGRÉDIENTS

- 15 barquettes nature ou au chocolat (voir recettes pp. 12 et 16)
- 2 oranges
- 1 œuf
- 1 cuil. à café bombée de Maïzena®
- 4 cuil. à soupe de jus de citron
- 10 g de beurre

Matériel

- 1 plaque de moules à barquettes en silicone ou des petits moules en métal

## CONSEIL

Ces barquettes se conservent très bien 2 jours au frais placées dans une boîte hermétique.

# Barquettes aux Carambar®

Pour 10 barquettes
Préparation : 15 min
Cuisson : 5 min
Coût : bon marché
Difficulté : facile

1 Préparez les barquettes sans gluten aux amandes, comme indiqué page 14.

2 Dans une casserole, faites fondre les Carambar® avec le lait et mélangez bien. Laissez refroidir.

3 À l'aide d'un couteau ou d'une cuillère, creusez légèrement chaque barquette. Garnissez-les de crème au Carambar®.

4 Dans une poêle, faites griller les amandes à sec, puis parsemez les barquettes de celles-ci. Dégustez-les tièdes ou froides.

## INGRÉDIENTS

- 10 barquettes sans gluten aux amandes (voir recette p. 14)
- 10 Carambar®
- 2 cuil. à soupe de lait
- 1 cuil. à soupe d'amandes effilées

Matériel

- 1 plaque de moules à barquettes en silicone ou des petits moules en métal

# Barquettes chocolat et orange

Pour 10 barquettes
Préparation : 15 min
Cuisson : 5 min
Coût : raisonnable
Difficulté : facile

1 Préparez les barquettes au chocolat, comme indiqué page 16. À l'aide d'un couteau ou d'une cuillère, creusez légèrement chaque barquette.

2 Pressez la demi-orange. Dans une casserole, faites fondre le chocolat au bain-marie avec la crème et le jus d'orange. Mélangez bien. Ajoutez les écorces confites et le sucre glace tamisé. Continuez de mélanger.

3 Lorsque la préparation est bien homogène, versez-la dans les barquettes. Laissez le chocolat refroidir et durcir avant de déguster.

## INGRÉDIENTS

10 barquettes au chocolat (voir recette p. 16)
1/2 orange
60 g de chocolat noir
1 cuil. à soupe de crème liquide
2 cuil. à café d'écorces d'orange confites
1 cuil. à café de sucre glace

Matériel

1 plaque de moules à barquettes en silicone ou des petits moules en métal

## VARIANTE

Vous pouvez remplacer les écorces d'orange confites par des écorces de citron confites.

# Barquettes aux Tagada Pink®

1 Préparez les barquettes sans gluten aux amandes, comme indiqué page 14. À l'aide d'un couteau ou d'une cuillère, creusez légèrement chaque barquette.

2 Dans une casserole, faites fondre les Tagada Pink® avec la crème. Mélangez bien et ajoutez le chocolat blanc. Faites fondre sur feu doux en mélangeant bien.

3 Lorsque la crème est bien homogène, versez-la dans les barquettes. Laissez refroidir avant de déguster.

Pour 10 barquettes
Préparation : 10 min
Cuisson : 5 min
Coût : bon marché
Difficulté : facile

## INGRÉDIENTS

10 barquettes sans gluten aux amandes (voir recette p. 14)
20 Tagada Pink®
3 cuil. à soupe de crème liquide
5 carrés de chocolat blanc

Matériel
1 plaque de moules à barquettes en silicone ou des petits moules en métal

# Barquettes au chocolat et crème de marrons

Pour 10 barquettes
Préparation : 30 min
Cuisson : 5 min
Coût : raisonnable
Difficulté : un peu difficile

## INGRÉDIENTS

- 10 barquettes sans gluten aux amandes (voir recette p. 14)
- 80 g de chocolat noir à pâtisser
- Quelques billes de sucre colorées
- 10 cuil. à café de crème de marrons

Matériel

- 1 plaque de moules à barquettes en silicone ou des petits moules en métal

1 Préparez les barquettes sans gluten aux amandes, comme indiqué page 14. À l'aide d'un couteau ou d'une cuillère, creusez légèrement chaque barquette.

2 Dans une casserole, faites fondre le chocolat au bain-marie. Mélangez soigneusement jusqu'à obtenir un chocolat liquide et homogène.

3 Plongez les barquettes côté face dans le chocolat. Saupoudrez de billes de sucre colorées et disposez ensuite les barquettes sur une grille pour que le chocolat refroidisse et durcisse. Puis, faites de même avec l'autre face des barquettes.

4 Quand le chocolat a suffisamment durci, disposez 1 cuil. à café de crème de marrons dans le creux des barquettes et dégustez.

# Barquettes aux poires épicées

Pour 12 barquettes
Préparation : 15 min
Cuisson : 20 min
Coût : raisonnable
Difficulté : facile

1 Préparez les barquettes nature, comme indiqué page 12.

2 Épluchez la poire et taillez-la en petits dés. Incisez la gousse de vanille à l'aide d'un couteau et grattez l'intérieur, avec la pointe du couteau, pour récupérer les graines.

3 Dans une casserole, faites compoter la poire avec les graines de vanille et le reste des ingrédients à feu doux pendant 20 min. Laissez refroidir la compote.

4 À l'aide d'un couteau ou d'une cuillère, creusez légèrement chaque barquette. Disposez 1 cuil. à café de compote dans chaque barquette.

## INGRÉDIENTS

12 barquettes nature (voir recette p. 12)
1 poire
1/2 gousse de vanille
2 cuil. à soupe de sucre en poudre
1/2 cuil. à soupe de miel doux
5 pincées de fève tonka

Matériel
1 plaque de moules à barquettes en silicone ou des petits moules en métal

## CONSEIL

Ces barquettes se conservent très bien quelques jours au frais placées dans une boîte hermétique.

# Barquettes aux pralines roses

Pour 10 barquettes
Préparation : 20 min
Cuisson : 5 min
Coût : raisonnable
Difficulté : un peu difficile

## INGRÉDIENTS

10 barquettes sans gluten aux amandes (voir recette p. 14)
100 g de pralines roses
3 cuil. à soupe de crème liquide

Matériel
1 plaque de moules à barquettes en silicone ou des petits moules en métal
1 thermomètre à sucre

1 Préparez les barquettes sans gluten aux amandes, comme indiqué page 14. À l'aide d'un couteau ou d'une cuillère, creusez légèrement chaque barquette.

2 Disposez les pralines dans un linge et écrasez-les à l'aide d'un rouleau à pâtisserie. Dans une casserole, faites fondre les pralines dans la crème 5 min à feu vif. À l'aide d'un thermomètre à sucre, vérifiez que la température atteint 120 °C et poursuivez la cuisson 1 min.

3 Disposez de suite 1 cuil. à café de préparation dans les barquettes. Laissez refroidir avant de consommer.

# Barquettes au beurre de pommes

Pour 10 barquettes
Préparation : 15 min
Cuisson : 20 min
Coût : bon marché
Difficulté : un peu difficile

1 Préparez les barquettes nature, comme indiqué page 12.

2 Épluchez et épépinez la pomme. Disposez-la dans une casserole avec 6 cuil. à soupe d'eau, le sucre et la cannelle. Faites chauffer sur feu moyen pendant 15 min. Une fois les pommes bien cuites, mixez-les avec le beurre.

3 Faites chauffer le mélange sur feu doux pendant 5 min pour « assécher » la préparation. Laissez refroidir.

4 À l'aide d'un couteau ou d'une cuillère, creusez légèrement chaque barquette et garnissez-les de beurre de pomme. Réservez au frais avant de consommer.

## INGRÉDIENTS

- 10 barquettes nature (voir recette p. 12)
- 1 pomme
- 4 cuil. à soupe de sucre en poudre
- 2 pincées de cannelle en poudre
- 15 g de beurre mou

Matériel

- 1 plaque de moules à barquettes en silicone ou des petits moules en métal
- 1 mixeur

# Barquettes aux cerises et amande amère

Pour 15 barquettes
Préparation : 10 min
Cuisson : 10 min
Coût : raisonnable
Difficulté : facile

## INGRÉDIENTS

15 barquettes sans gluten aux amandes (voir recette p. 14)
140 g de cerises surgelées
60 g de sucre en poudre
1 cuil. à café de jus de citron
3 gouttes d'arôme d'amande amère

Matériel
1 plaque de moules à barquettes en silicone ou des petits moules en métal

1 Préparez les barquettes sans gluten aux amandes, comme indiqué page 14.

2 Dans une casserole, faites cuire les cerises avec le sucre et le jus de citron à feu moyen 10 min. Ajoutez l'arôme d'amande amère. Mélangez bien.

3 Pour vérifier si la confiture a la bonne consistance, déposez-en quelques gouttes sur une assiette : si les cerises sont « figées », elle est prête.

4 À l'aide d'un couteau ou d'une cuillère, creusez légèrement chaque barquette. Disposez la confiture dans les barquettes et réservez au frais avant de consommer.

# Barquettes façon tiramisu

Pour 12 barquettes
Préparation : 10 min
Coût : bon marché
Difficulté : un peu difficile

1 Préparez les barquettes sans gluten aux amandes, comme indiqué page 14.

2 À l'aide d'un fouet électrique, fouettez le mascarpone et la crème liquide pendant 3 min. Ajoutez le sucre glace et mélangez délicatement.

3 À l'aide d'un couteau ou d'une cuillère, creusez légèrement chaque barquette. Disposez la crème dans les barquettes et saupoudrez de café soluble. Réservez au frais avant de déguster.

## INGRÉDIENTS

12 barquettes sans gluten aux amandes (voir recette p. 14)
100 g de mascarpone
2 cuil. à soupe de crème liquide entière
1 cuil. à soupe de sucre glace
1 cuil. à café de café soluble

Matériel

1 plaque de moules à barquettes en silicone ou des petits moules en métal
1 fouet électrique

## VARIANTE

Vous pouvez ajouter 1 cuil. à café d'amaretto à la crème et saupoudrer de cacao amer.

# Barquettes pomme et spéculoos

Pour 10 barquettes
Préparation : 15 min
Cuisson : 12 min
Coût : raisonnable
Difficulté : facile

## INGRÉDIENTS

10 barquettes nature (voir recette p. 12)
½ pomme
10 g de beurre
1 cuil. à soupe de sucre roux
1 cuil. à café de pâte de spéculoos
2 spéculoos

Matériel
1 plaque de moules à barquettes en silicone ou des petits moules en métal

1 Préparez les barquettes nature, comme indiqué page 12.

2 Épluchez la pomme, épépinez-la et coupez-la en petits dés.

3 Dans une poêle, faites fondre le beurre et faites rissoler les dés de pomme quelques instants avant d'ajouter le sucre et de faire caraméliser le tout. Puis, laissez cuire 2 à 3 min. Ajoutez la pâte de spéculoos et mélangez bien.

4 À l'aide d'un couteau ou d'une cuillère, creusez légèrement chaque barquette. Disposez les petits dés de pomme dans les barquettes et saupoudrez de spéculoos émiettés. Conservez au frais et consommez rapidement.

# Barquettes à la passion et aux deux chocolats

Pour 10 barquettes
Préparation : 20 min
Cuisson : 5 min
Coût : raisonnable
Difficulté : un peu difficile

## INGRÉDIENTS

10 barquettes sans gluten aux amandes (voir recette p. 14)
50 g de chocolat blanc à pâtisser
Vermicelles colorés au chocolat
½ fruit de la Passion
50 g de chocolat noir
2 cuil. à café de sirop d'agave
1 cuil. à café de crème liquide

Matériel
1 plaque de moules à barquettes en silicone ou des petits moules en métal
1 tamis

1 Préparez les barquettes sans gluten aux amandes, comme indiqué page 14. À l'aide d'un couteau ou d'une cuillère, creusez légèrement chaque barquette.

2 Faites fondre le chocolat blanc au bain-marie. Trempez les barquettes dans le chocolat fondu et parsemez-les de vermicelles au chocolat. Laissez les barquettes refroidir sur une grille.

3 Prélevez la pulpe du fruit de la Passion et passez-la au tamis pour en récupérer le jus. Faites fondre le chocolat noir au bain-marie avec le jus du fruit de la Passion, le sirop d'agave et la crème. Mélangez bien.

4 Garnissez les barquettes de chocolat. Réservez-les au frais avant de déguster.

# Barquettes menthe-chocolat

Pour 10 barquettes
Préparation : 10 min
Cuisson : 5 min
Coût : bon marché
Difficulté : facile

1 Préparez les barquettes au chocolat, comme indiqué page 16.

2 Faites fondre le chocolat avec le sirop de menthe au bain-marie. Mélangez bien jusqu'à obtenir une préparation lisse et homogène.

3 À l'aide d'un couteau ou d'une cuillère, creusez légèrement chaque barquette. Garnissez-les de chocolat à la menthe. Décorez avec les feuilles de menthe.

## INGRÉDIENTS

10 barquettes au chocolat (voir recette p. 16)
50 g de chocolat au lait
2 cuil. à soupe de sirop de menthe
5 feuilles de menthe

Matériel
1 plaque de moules à barquettes en silicone ou des petits moules en métal

## VARIANTES

Vous pouvez aussi faire cette recette avec des barquettes nature ou sans gluten aux amandes (voir recettes pp. 12 et 14) et colorer la pâte avec du colorant vert.
Il vous est aussi tout à fait possible d'ajouter des vermicelles de couleur à la pâte.

# Barquettes à la rose

Pour 15 barquettes
Préparation : 20 min
Cuisson : 10 min
Coût : raisonnable
Difficulté : un peu difficile

1 Préparez les barquettes sans gluten aux amandes, comme indiqué page 14.

2 Faites chauffer doucement le lait dans une casserole. Pendant ce temps, dans un saladier, fouettez le jaune d'œuf avec le sucre jusqu'à ce que le mélange blanchisse. Ajoutez la Maïzena® et mélangez.

3 Versez le lait dans le saladier tout en fouettant vigoureusement. Dans une casserole, faites épaissir la préparation sur feu doux en continuant de fouetter. Ajoutez l'arôme de rose. Laissez refroidir.

4 À l'aide d'un couteau ou d'une cuillère, creusez légèrement chaque barquette et garnissez-les de la crème à la rose.

## INGRÉDIENTS

- 15 barquettes sans gluten aux amandes (voir recette p. 14)
- 10 cl de lait
- 1 jaune d'œuf
- 3 cuil. à soupe de sucre en poudre
- 1 cuil. à soupe de Maïzena®
- 5 gouttes d'arôme de rose

Matériel

- 1 plaque de moules à barquettes en silicone ou des petits moules en métal

## VARIANTE

Vous pouvez remplacer l'arôme de rose par d'autres arômes.

# Barquettes au nougat

Pour 15 barquettes
Préparation : 15 min
Cuisson : 5 min
Coût : raisonnable
Difficulté : facile

1 Préparez les barquettes sans gluten aux amandes, comme indiqué page 14.

2 Dans une casserole, faites fondre le nougat coupé en morceaux avec la crème sur feu doux. Mélangez bien.

3 À l'aide d'un couteau ou d'une cuillère, creusez légèrement chaque barquette. Garnissez les barquettes avec la crème de nougat et laissez refroidir avant de déguster.

## INGRÉDIENTS

15 barquettes sans gluten aux amandes (voir recette p. 14)
75 g de nougat
2 cuil. à soupe de crème liquide

Matériel

1 plaque de moules à barquettes en silicone ou des petits moules en métal

# Barquettes à la pistache

Pour 15 barquettes
Préparation : 20 min
Coût : raisonnable
Difficulté : un peu difficile

## INGRÉDIENTS

15 barquettes nature ou sans gluten aux amandes (voir recettes pp. 12 et 14)
60 g de pistaches non salées
1 cuil. à soupe de sucre en poudre
3 cuil. à café de poudre d'amandes
3 cuil. à café d'huile neutre

Matériel

1 plaque de moules à barquettes en silicone ou des petits moules en métal
1 mixeur

1 Préparez les barquettes nature ou sans gluten aux amandes, comme indiqué page 12 ou page 14.

2 Dans le bol d'un petit robot mixeur, mixez les pistaches avec le sucre. Quand tout est réduit en poudre, ajoutez la poudre d'amandes. Redonnez un coup de mixeur, puis ajoutez l'huile et 2 cuil. à café d'eau. Mixez jusqu'à l'obtention d'une pâte homogène.

3 À l'aide d'un couteau ou d'une cuillère, creusez légèrement chaque barquette. Disposez la pâte de pistache obtenue dans les barquettes et dégustez.

# Barquettes abricot et cannelle

Pour 20 barquettes
Préparation : 15 min
Cuisson : 15 min
Coût : bon marché
Difficulté : facile

## INGRÉDIENTS

20 barquettes nature
(voir recette p. 12)
1 petite boîte d'abricots au sirop
4 abricots secs
3 cuil. à soupe de sucre en poudre
1 bâton de cannelle

Matériel

1 plaque de moules à barquettes en silicone ou des petits moules en métal
1 mixeur plongeant

1 Préparez les barquettes nature, comme indiqué page 12.

2 Dans une casserole, faites compoter les abricots au sirop et secs avec 2 cuil. à soupe d'eau, le sucre et le bâton de cannelle pendant 15 min à feu doux.

3 Retirez le bâton de cannelle et mixez grossièrement la compote.

4 À l'aide d'un couteau ou d'une cuillère, creusez légèrement chaque barquette. Disposez la compote d'abricot dans les barquettes. Réservez au frais avant de consommer.

# Barquettes à la gelée de clémentine et safran

Pour 20 barquettes
Préparation : 20 min
Cuisson : 25 min
Coût : cher
Difficulté : un peu difficile

1 Préparez les barquettes nature, comme indiqué page 12.

2 Pressez les clémentines et versez le jus obtenu dans une casserole. Ajoutez le sucre et portez à ébullition. Laissez bouillir 2 min, puis baissez le feu à petits frémissements et faites cuire 20 min. Ajoutez les filaments de safran.

3 Pour vérifier la cuisson de la gelée, déposez-en une goutte sur une assiette froide : si elle se fige, la confiture est prête. Ôtez du feu et laissez la gelée prendre.

4 À l'aide d'un couteau ou d'une cuillère, creusez légèrement chaque barquette. Disposez la gelée dans les barquettes.

## INGRÉDIENTS

20 barquettes nature (voir recette p. 12)
4 clémentines
100 g de sucre en poudre
3 filaments de safran

Matériel

1 plaque de moules à barquettes en silicone ou des petits moules en métal

# Barquettes à la tapenade

Pour 12 barquettes
Préparation : 30 min
Coût : raisonnable
Difficulté : facile

1 Préparez les barquettes salées, comme indiqué page 18.

2 Disposez les olives dans le bol du mixeur et mixez-les. Ajoutez l'anchois et l'ail pelé. Mixez à nouveau. Ajoutez l'huile d'olive et mixez encore jusqu'à l'obtention d'une préparation lisse.

3 À l'aide d'un couteau ou d'une cuillère, creusez légèrement chaque barquette. Disposez la tapenade dans les barquettes et réservez au frais jusqu'au moment de servir.

## INGRÉDIENTS

12 barquettes salées (voir recette p. 18)
100 g d'olives dénoyautées
1 anchois
1 petite gousse d'ail
1 cuil. à soupe d'huile d'olive

Matériel
1 plaque de moules à barquettes en silicone ou des petits moules en métal
1 mixeur

# Barquettes à la crème de roquefort

Préparation : 15 min
Coût : raisonnable
Difficulté : facile

1 Préparez les barquettes salées, comme indiqué page 18.

2 Dans un bol, écrasez les Carrés Frais® avec le lait. Ajoutez le roquefort émietté et mélangez bien jusqu'à l'obtention d'une préparation homogène.

3 À l'aide d'un couteau ou d'une cuillère, creusez légèrement chaque barquette. Disposez la crème de roquefort dans les barquettes. Réservez au frais avant de déguster.

## INGRÉDIENTS

10 barquettes salées (voir recette p. 18)
2 fromages Carrés Frais®
2 cuil. à soupe de lait
50 g de roquefort

Matériel

1 plaque de moules à barquettes en silicone ou des petits moules en métal

## CONSEIL

Ces barquettes se conservent très bien 2 jours au frais placées dans une boîte hermétique.

# Barquettes au pesto de tomates séchées

Pour 12 barquettes
Préparation : 15 min
Coût : raisonnable
Difficulté : facile

1 Préparez les barquettes salées, comme indiqué page 18.

2 Dans le bol du mixeur, disposez les lamelles de tomates séchées, l'huile d'olive, le parmesan et les pignons de pin. Mixez jusqu'à l'obtention d'une texture lisse.

3 À l'aide d'un couteau ou d'une cuillère, creusez légèrement chaque barquette. Disposez le pesto dans les barquettes.

## INGRÉDIENTS

12 barquettes salées (voir recette p. 18)
8 lamelles de tomates séchées à l'huile
1 cuil. à soupe d'huile d'olive
1 cuil. à soupe de parmesan râpé
1 cuil. à soupe de pignons de pin

Matériel

1 plaque de moules à barquettes en silicone ou des petits moules en métal
1 mixeur

## CONSEIL

Ces barquettes se conservent très bien 2 jours au frais placées dans une boîte hermétique.

# Barquettes au wasabi et saumon fumé

Pour 10 barquettes
Préparation : 15 min
Coût : raisonnable
Difficulté : facile

1 Préparez les barquettes salées, comme indiqué page 18.

2 Dans un bol, mélangez le Philadelphia® avec le wasabi et le jus de citron. Mélangez bien jusqu'à ce que la préparation soit lisse et homogène. Taillez le saumon en petits dés et ajoutez-les à la préparation. Mélangez.

3 À l'aide d'un couteau ou d'une cuillère, creusez légèrement chaque barquette. Disposez le mélange au fromage et au saumon dans les barquettes. Réservez au frais jusqu'au moment de servir.

## INGRÉDIENTS

10 barquettes salées (voir recette p. 18)
65 g de Philadelphia®
1/2 cuil. à café de wasabi
1/2 cuil. soupe de jus de citron
1 tranche de saumon fumé

Matériel

1 plaque de moules à barquettes en silicone ou des petits moules en métal

## CONSEIL

Ces barquettes se conservent très bien 2 jours au frais placées dans une boîte hermétique.

# Barquettes au foie gras et figues

Pour 12 barquettes
Préparation : 15 min
Coût : raisonnable
Difficulté : facile

1 Préparez les barquettes salées comme indiqué page 18 en ajoutant le quatre-épices dans la pâte.

2 À l'aide d'un couteau ou d'une cuillère, creusez légèrement chaque barquette.

3 Disposez 1 demi-cuil. à café de confiture de figues sur chaque barquette et parsemez de quelques copeaux de foie gras. Réservez au frais avant de servir.

## INGRÉDIENTS

12 barquettes salées (voir recette p. 18)
4 pincées de quatre-épices
6 cuil. à café de confiture de figues
80 g de foie gras

Matériel
1 plaque de moules à barquettes en silicone ou des petits moules en métal

# Barquettes au chorizo et feta

Pour 12 barquettes
Préparation : 20 min
Coût : raisonnable
Difficulté : facile

1 Préparez les barquettes salées, comme indiqué page 18.

2 Coupez le demi-poivron et le chorizo en petits dés. Dans un bol, mélangez le mascarpone avec la crème. Ajoutez les dés de poivron et de chorizo.

3 À l'aide d'un couteau ou d'une cuillère, creusez légèrement chaque barquette. Disposez la crème dans les barquettes et saupoudrez de feta émiettée. Réservez au frais avant de servir.

## INGRÉDIENTS

12 barquettes salées (voir recette p. 18)
½ poivron grillé conservé à l'huile
4 tranches de chorizo
1 grosse cuil. à soupe de mascarpone
1 cuil. à soupe de crème liquide
30 g de feta

Matériel
1 plaque de moules à barquettes en silicone ou des petits moules en métal

# Barquettes à l'avocat

Pour 15 barquettes
Préparation : 10 min
Coût : raisonnable
Difficulté : facile

1 Préparez les barquettes salées, comme indiqué page 18.

2 Épluchez l'avocat et retirez le noyau. Dans le bol du mixeur, mixez la chair de l'avocat avec l'échalote épluchée, le jus de citron et l'huile d'olive. Lorsque la préparation est bien homogène, réservez.

3 À l'aide d'un couteau ou d'une cuillère, creusez légèrement chaque barquette. Disposez la crème à l'avocat dans les barquettes. Décorez de ciboulette ciselée. Réservez au frais avant de déguster.

## INGRÉDIENTS

15 barquettes salées
(voir recette p. 18)
1 avocat
1 petite échalote
1 cuil. à café de jus de citron
1 cuil. à café d'huile d'olive
Quelques brins de ciboulette

Matériel
1 plaque de moules à barquettes en silicone ou des petits moules en métal
1 mixeur

# Mes recettes préférées

# Mesures et équivalences

## Mémo pour mesurer les ingrédients sans balance

| Ingrédients | 1 cuil. à café | 1 cuil. à soupe | 1 verre à moutarde |
|---|---|---|---|
| Beurre | 7 g | 20 g | – |
| Cacao en poudre | 5 g | 10 g | 90 g |
| Crème épaisse | 1,5 cl | 4 cl | 20 cl |
| Crème liquide | 0,7 cl | 2 cl | 20 cl |
| Farine | 3 g | 10 g | 100 g |
| Gruyère râpé | 4 g | 12 g | 65 g |
| Liquides divers | | | |
| (eau, huile, vinaigre, alcools) | 0,7 cl | 2 cl | 20 cl |
| Maïzena® | 3 g | 10 g | 100 g |
| Poudre d'amandes | 6 g | 15 g | 75 g |
| Raisins secs | 8 g | 30 g | 110 g |
| Riz | 7 g | 20 g | 150 g |
| Sel | 5 g | 15 g | – |
| Semoule, couscous | 5 g | 15 g | 150 g |
| Sucre en poudre | 5 g | 15 g | 150 g |
| Sucre glace | 3 g | 10 g | 110 g |

## Pense-bête pour mesurer les liquides

1 verre à liqueur = 3 cl

1 tasse à café = 8 à 10 cl

1 verre à moutarde = 20 cl

1 mug = 30 cl

1 bol = 35 cl

## Bon à savoir

1 œuf = 50 g

1 noisette de beurre = 5 g

1 noix de beurre = 15 à 20 g

## Bien régler son four

| Température (°C) | Thermostat |
|---|---|
| 30 | 1 |
| 60 | 2 |
| 90 | 3 |
| 120 | 4 |
| 150 | 5 |
| 180 | 6 |
| 210 | 7 |
| 240 | 8 |
| 270 | 9 |

# Index par ingrédient

*Retrouvez toute la collection 50 Best !*

Les meilleures recettes !

facebook.com/hachettecuisine

43, quai de Grenelle – 75905 Paris, Cedex 15



Pour l'éditeur, le principe est d'utiliser des papiers composés de fibres naturelles, renouvelables, recyclables et fabriqués à partir de bois issus de forêts qui adoptent un système d'aménagement durable. En outre, l'éditeur attend de ses fournisseurs de papier qu'ils s'inscrivent dans une démarche de certification environnementale reconnue.

Direction : Catherine Saunier-Talec
Responsable éditoriale : Anne la Fay
Responsable de projet : Anne Vallet
Conception intérieure et couverture : Jane Schleipfer Gueneau aka. Libelul / Salah Kherbouche
Réalisation intérieure : Nord Compo
Correction : Mélanie Le Neillon
Fabrication : Amélie Latsch
Responsable partenariats : Sophie Morier (smorier@hachette-livre.fr)

Dépôt légal : janvier 2013
23-12-8408-01-9
ISBN : 978-2-01-238408-8
Imprimé en Espagne par Cayfosa